Círculo Rojo
EDITORIAL

Sendero espinado

Sendero

espinado

NO HACE FALTA SER POETA…

ESCRIBE LO que Dicta TU CORAZÓN.

NEKER

Círculo Rojo
EDITORIAL

Primera edición: septiembre 2025

Depósito legal: SE 1755-2025
ISBN: 979-13-7023-491-1
Impresión y producción: Editorial Círculo Rojo

© Del texto: NEKER
© Maquetación y diseño: Equipo de Editorial Círculo Rojo

Editorial Círculo Rojo

www.editorialcirculorojo.com

info@editorialcirculorojo.com

Impreso en España - Printed in Spain

ÍNDICE

PRÓLOGO

Caminar por un sendero espinado no es fácil. Cada paso duele, pero también libera. Este libro nace de esas espinas, de esas heridas que han dejado marcas, pero también enseñanzas.

En estas páginas encontrarás versos que gritan, que lloran, pero también que sanan. Cada poema es un pedazo de ese camino, un reflejo de las emociones que nacen del dolor, la rabia y, a veces, la esperanza. Estas palabras no buscan ser perfectas, sino reales.

Escribí estos poemas para quienes han sentido las espinas clavarse en lo más profundo del alma. Para quienes han aprendido que aceptar el dolor no es rendirse, sino transformarlo en algo que nos haga más fuertes.

Te invito a recorrer este sendero conmigo, a dejarte herir y sanar con cada verso. Porque, al final, las espinas también florecen.

RABIA

En mi mente, ese instante…
Una mágica ilusión.
Ahora solo escucho tus pasos en las estrellas,
o te veo sonreír, caramelo en la lluvia.
Son aires de júbilo y grandeza en mi vida.
Pero ajena eres a mis delirios, como siempre.

No es culpa tuya; debo ocultar lo que siento por ti. Aunque,
claro, es un tesoro sin valor.
Maldita locura, que me perseguirá inagotable.

AMENAZAS

«¡Ciego estaba a tu afecto!», me grito mientras camino,
sintiendo los latigazos de la soledad sin remedio.
Es doloroso olvidar estas heridas, porque mis lágrimas caen y
no cesan. Y aún recuerdo tus sonrisas entre flores, tus canciones
bajo el rocío. Aunque torpe, he aprendido rápido; pues «ciego
estaba a tu afecto».
Tú, en cambio, sigues ciega a mi cariño. Solo que tú lo ves,
yo no.

ATAJOS

Las emociones navegan en mi alma, aunque se encuentran
distanciadas por inmensos océanos desiertos.
Soy un guerrero solitario, despojado de su armadura de
hierro, que aún conserva utopías de cariño y nobleza, aunque,
seguramente, ya inalcanzables.
Tus ojos, como los de un hada vulgar, me delatan sin remedio.
Sin embargo, intento negar la evidencia de tus actos: te acercas y
te alejas como un tren sin destino.

Y así me siento, como un león cobarde y sin alma, encerrado en
su propia jaula de soledad.

CICATRICES

A cal viva mis heridas
cuando me alejas con fuerza.
Daga en mi corazón, que ya parece mi destino.

A cal viva siguen mis heridas,
aunque carece de importancia ya,
ahora y siempre estará

la soledad de opas conmigo en la eternidad.

PASOS

Olas que van y vienen de mi alma. Y aún me ahogo en tus falsas
y coordinadas muestras de cariño.
Intento quererte, pero secuencial ya tu rechazo. Es
inquebrantable el odio que expira mi cuerpo cuando te veo.
Muchas gracias, ahora firmaré un pacto eterno con mí soledad.

ILUSIONES

Si valoras cada minuto compartido, verás que no
es difícil soñar conmigo.
Sí, paciente soy, pero no espero que se alineen tus sueños con
mis esperanzas. Es que alimentarse de tus migas de pan ya no
sirve. Y mi voz frente a ti me delata.
Pero buscaré con fuerza el momento justo, llegar a olvidarte.

FACHADA

Tus palabras son mentira y dolor en aumento. Aquel inagotable aprecio que sentía por ti, golpeando mi ser, ha llegado a su fin. Pero ¡cómo anhelo tus abrazos, dichosos y mágicos abrazos! Fantasías de aprecio que llenaban todos los días de mi vida. Y era ese refugio que cubría mi pesada tristeza.

No tengo más remedio, si quiero avanzar, que aprender a caminar; pero ya solo y sin ti.

DUELO

Pasean ráfagas de dolor en tus labios escarlatas,
no los toco.
Pero es grande la tentación de seguir su aliento. Aún mis ojos se
alegran al verte tan cerca. Tramposa víbora y venenosa sonrisa
sin alma. Porque para mí muerta estás.

SEÑALES

El odio en mi piel vuelve y atormenta mis pasos.
Círculos de fuego que me rodean sin parar; pero, al revivir tus
risas, la agonía desaparece. No hay temor,
aunque hoy te veo y no hay bondad en tus hermosos ojos.
El destino jugó sus cartas con baraja marcada.

Escucha: ya no pienso luchar, pero tampoco pienso perder.

RESPIRO

No busco tesoros, solo mírame. Eres fuego en mi ser, aunque me cueste la vida. Y ahora aquella luz de la vela se ha apagado por siempre en mi corazón.

QUIZÁ

Imposible tapar el sol con un dedo,
como querer vivir sin ser feliz.
Y lo intento,
pero tropiezo todos los días con piedras de vil egoísmo y rencor,
que me han herido y golpeado sin compasión.
Aun así, no han logrado machacar al gigante Goliat de mi
corazón. Vivo de ilusiones inalcanzables, pero vive.
Y es mejor enfrentar mis retos que perseguir fantasías.

No más lágrimas y no más sueños rotos por ti. No más.

TORMENTA HUECA

El eco de una risa que resuena en los pasillos de mi cabeza. Al escucharlos más fuertes, pensaba que traería mi vida resucitada a sus espaldas.

Pero no, solo viento frío. Has arrasado con la confianza que te brindé. Me prometiste ser refugio en mis noches más largas y, ahora, camino solo entre sombras, con el peso de lo que nunca cumpliste.

Tu ausencia es un abismo sin fin, una herida que no sangra, pero duele como mil verdades rotas. En el eco de esta decepción, ¿dónde quedó tu promesa de estar siempre?

Fuiste un faro apagado cuando más necesitaba tu voz. Y no guardo más que cenizas de lo que creí una amistad sin fronteras.

Y, en cada partícula de mi alma, ya se esconden mi rabia, mi tristeza

y el final de lo que pensé eterno.

OASIS

Era una conexión perfecta,
un lazo tejido entre el cariño y la confianza.
Pero son tus palabras, heridas en mi alma,
las que han dañado mi ser con dulzura amarga.
Ya no es noble tu entrega, aquella que me llevaba a las estrellas.

Mi piel, exhausta de recibir lágrimas hirientes,
destila un veneno nacido del dolor
que tú has creado.

Y, ante este tormento, tu tierna sonrisa se queda grabada en mí.

Pero ya no me enloquece.

ENTREGA

Alimentabas tu ego con mi cariño,
como hielo que se funde en mi alma.

Hay sombras turbias en tu vida que no quisiste enfrentar,
aunque sí las hiciste mías.
¿Cómo lo has conseguido? Aún no lo sé.

Ahora mi espíritu clama por paz.
Y esta vez, bella serpiente,
se la voy a dar.

LATIDOS

La nobleza de mi corazón, machacada por ti.
Solo brillaron tus caprichos, nunca mis sentimientos. Una
confianza rota.

Mi cielo llora sangre al verte de nuevo.
Y, aunque te hablo,
ya no lo hace mi corazón.

DECEPCIÓN

Fui por mucho tiempo el puerto donde te anclabas en
temporales intensos, pero nunca un hogar donde quedarse.
Dejaste mi alma seca,
como un pozo olvidado en el desierto.
Escuchaste mis palabras, nunca mi silencio.
Un murmullo que se perdió en la niebla.

Hoy me quedan los restos de aquello que creí eterno.
Pero tengo la certeza de que, aunque me rompieron,
sigo caminando.

Y a ti

solo te queda mi ausencia,
un vacío que nunca llenarás.

AUSENCIA SILENCIOSA

Que tu vida siga su curso, pero sin mí.
No sabrás lo que es perder
hasta que mis consuelos ya no estén contigo.

Será un vacío creado por ti el que te abrace
y serán mis recuerdos los que te hablen
en cada rincón de tu silencio.

Te di lo que no sabías ver, porque puse mi alma en cada gesto;
pero para ti mi entrega firme fue tan solo un peso
que te quitaba libertad.

DOLCE MORTE

Lluvia egoísta, que me cubría sin empaparme.

Decías que la vida te golpeaba una y otra vez, pero eras tú quien
la golpeaba con firmeza. Buscabas al diablo vestido de ángel,
evitando así el coraje de vivir. Fallas y nunca es tu culpa.
Pues sigue, lo haces genial.

LIMBO

Fríos son tus labios cuando me hablas. Y tus palabras,
cuchillas en la brisa,
que has esculpido con precisión cruel.

Cada sílaba, un veneno que me despoja
del calor que, alguna vez, cobijó mis ansias de cariño.
Dientes feroces que desgarran mi piel y mi alma,
hasta el último rastro de lo que

son tus abrazos, ahora latentes espinas, que debo
arrancar de mi carne
si quiero seguir adelante.

A TU FAVOR

Me inspiras lo bello y lo roto,
como un amanecer que quema mi piel
y, aun así, anhelo mirar.

Mis pasos sinceros intentan rozar tu orilla,
pero me hundes antes de llegar.

El universo parece conspirar a tu favor y en mi contra,
porque mi condena:

Admirarte con rabia, con dolor

y con ese amor imposible que me arrastra,

pero nunca me tocará.

TE ODIO Y TE AMO

Te odio en el silencio frío de tus respuestas,
en la distancia que me niega el calor que busco.
Te odio por habitar mi mente sin permiso,
por ser la chispa de un fuego que nunca puedo apagar.

Y, aun así, te amo.
Te amo en lo que inspiras.
Te amo porque no sé no hacerlo,
porque, en tu sombra, encuentro luz
y, en mi rabia, encuentro tu nombre.

Te odio y te amo

y, entre ambos extremos, me encuentro a mí mismo, desgarrado,
perdido

pero vivo.

MENTIRAS

Harto de cumplir expectativas ajenas,
de entregar mi todo
por la tranquilidad del otro,
no la mía.

Caminar siempre de puntillas,
temeroso de mi propio estallido,
aplastado por su visión,
no la mía.

Apasionado pero devorado por la carta ajena, aunque me
lastimen por sus actos, sus planes,

que no comprenden el peso de mi alma.

LÁGRIMAS SILENCIADAS

Mis lágrimas caen,
pero no tengo sonrisa, derrotado por los caprichos de aquellos
que nunca vieron
el peso de mis días rotos.

Sufro en silencio,
mientras el mundo juega a su antojo,
sin darse cuenta de que mi alma
se deshace en cada decisión
que no fue mía.

Me obligan a ser lo que no soy,
a cargar con lo que no quiero
y, en cada paso, mi respiración se ahoga
bajo la presión de sus deseos,
que no conocen mi dolor.

Y, al final,

solo el eco vacío de una vida que nunca fue mía,

devorada por mentiras

que no supe ni quise detener.

HERIDA ETERNA

Hay una grieta en mi pecho, que no se cierra,
un eco de voces perdidas que aún rasgan mi alma. Se hundieron
en mi carne,
arrancaron lo que creí eterno,
dejando un vacío voraz,
un silencio que grita.

Me robaron momentos, me enterraron bajo su sombra, una
lágrima sin final.
Cada cicatriz late en mi piel,
como si el pasado tuviera garras,
como si el tiempo fuera un castigo
que no sabe perdonar.

El dolor se ha hecho mi sombra,
me persigue, me envuelve,
me arrastra al abismo de noches sin tregua,
donde mi alma clama justicia.

Y no es el tiempo quien cura;
es la rabia quien me sostiene,
porque cerrar esta herida sería
traicionar lo que fui, lo que perdí.

Que lo lean, que lo sientan,
que entiendan que esta rabia
es el único refugio de un corazón
que se niega a rendirse.

Pero vuestras sombras aún me perturban
y, en cada rincón donde me hundo,
susurro mi verdad:

Me quitaron todo, pero no me tendrán jamás.

OÍDO

Fue el silencio mi amigo, pero no es buen consejero.
Quieres adulación y palabras de aliento, pero no afrontas la
verdad ni cuando hablo
y, mucho menos, cuando callo.

Mi voluntad de caminar se frena con el egoísmo de tus actos y,
aun así, te tiendo la mano.

Y lo asumo: es culpa mía. Te lo he permitido.

ESPOSAS

Mis manos siempre vivieron en libertad,
aunque fuera solo una libertad imaginada.
Mis manos eran prisioneras de tus caricias o de tu piel
cuando reposaban sobre tu hombro.
Sí que las extraño, tus manos.

Pero la vida ha sido implacable, las aleja cada vez más,
queriendo enseñarme algo
que, quizás, ya sé,
pero que mi ser niega con furia:
Alejarme de ti.

RECUERDOS

Extraño tus locas manos de seda,
que me llevaban la calma después de la tormenta.
Oírte era júbilo para mi espíritu.

Extraño tus versos, un viaje a los sueños de Morfeo.

Vives en mí todos los días de mi vida.

Pero ya no estás, aunque te busque,

como la liebre busca su madriguera, buscando paz.

VENENO

¿Por qué te mueves entre el odio y el cariño?
Necesito odiarte, pero luego soy como un caramelo
con un adiós de tus labios.
Eres mi Cielo en el Infierno, mi voz en el silencio.

Pero mi cariño no es un cheque al portador. Adiós.

Y así me despedí del espejo,

viendo lo que quisiste ver en mí,

pero yo no.

INCENDIO

Garganta de fuego y gritos guarda siempre mi enorme rencor,
que no se apague, que siga ardiendo.
Dejaste una ilusión de sonrisas,
pero eran vacías.
Quizá eso no me dolía,
incluso disfrutaba de la mentira.

Está claro:
No sirvo para odiarte, aunque lo intente con mi rabia.

Porque ni siquiera el odio tiene poder sobre ti.

NEBLINA

Al levantarme, puedo volar… y duele. Más aún, me hiere.
Repeles mi confianza de tu cuerpo
y ahora me pregunto por qué.

BRAVO

Río de furia porque vivo los recuerdos con rabia y desilusión.

No querías mi sonrisa, pero la buscabas.
«¿Acaso tus espacios llenaban los míos?», me pregunto.

¡Qué fácil era! Mi cariño era gratis.
Ahora tus marcas son imborrables.

Siento tintas de vinagre en mi sangre, azufre en mi piel.
¡Cuánto dolor escondían tus manos,
puñales por la espalda!
Marcabas con hierro fundido.

Pero soy lo que soy, no un maldito juglar para entretenerte.
Aunque, si sonríes por un segundo,
mi número vale la pena.

ECOS DE TRAICIÓN

Siento el frío del acero en la espalda,
un susurro que eriza la piel.
El miedo se cuela en mis venas,
como una sombra que no puedo vencer.

Confianza rota, promesas olvidadas,
el rostro que miraba con admiración ahora es un desconocido
y, en cada mirada, encuentro el veneno
de una traición que se esconde en el olvido.

Huelo el miedo y me paraliza,
me arrastre al abismo.
¿El amigo o el enemigo disfrazado?
El dolor de tu mentira me quema,
pero no será este el fin, no será la muerte del corazón.
Aunque abriste una grieta en silencio,

una fisura que, con tu tormenta,

se convirtió en ruina.

Ahora el frío hiela mi corazón,

aunque el tuyo ya estaba congelado.

Y yo, ciego, me negué a verlo.

CANSANCIO DE ALMAS AJENAS

Me pesa el alma y no por lo que soy,
sino por lo que otros han intentado que sea.
Cansado de las máscaras que me exigían llevar.
Mi paciencia, que alguna vez fue infinita,
es un hilo desgastado por quienes jamás entendieron su
fragilidad.
Estoy harto de las sombras que se aferran a mi luz, de las
cadenas disfrazadas de promesas.
He permitido que el ruido de otros silenciara mi esencia, que su
caos invadiera mi paz.

Y, hoy, cada paso que doy es una despedida. Dejo atrás las voces
que alimentaban mi duda, las manos que insistían en guiar mis
pasos hacia un abismo que no era mío. No quiero más espejos
que reflejen el dolor de otros; quiero ser el arquitecto de mi
propia tranquilidad, el guardián de mi propia libertad.

Mi cansancio no es debilidad, es un recordatorio de que
merezco algo más. Una vida donde mi camino no sea un campo
de batalla, donde mi alma no sea moneda de cambio. Hoy me
elijo a mí.

EPÍLOGO

A veces el dolor no se ve venir. Se instala en el alma sin previo aviso. En los momentos más oscuros, parece que nunca dejará de crecer.
Y, de repente, algo cambia. Las palabras se vuelven claras y la verdad se abre paso, aunque con la dureza de un filo.

Esta es la última página de un viaje, el final de un sendero espinado. Me llevó al umbral de lo que fui y lo que ya no soy. Lo que escribí es un reflejo de esos instantes; aunque duros, me enseñaron a verme desde otra perspectiva. Y, ahora, cierro este ciclo al dar fin a este viaje.

Una última carta. Para ti. Para la que fue mi amiga, mi inspiración y mi refugio. Para la que, aunque me hirió, me dejó también el aprendizaje más profundo en mi vida.

A TI

No sé cómo empezar una carta que nace del desgarro. Te juro que no es fácil poner en palabras lo que se siente cuando alguien a quien uno le entregó el alma… TE ATROPELLA con su fría dulzura y deja todo lleno de silencios. No sé si lo sabes, pero contigo compartí partes que nunca había mostrado. Me abrí como pocas veces, con confianza, fe y mucho cariño sincero, creyendo que una cercanía amable como la nuestra era de las que se quedaban para siempre. Maldita y cruel utopía.

A veces te veo —o te recuerdo— y hay algo de ti que todavía me toca el alma. Una mirada, una risa que sigue teniendo ese algo que me rompe por dentro. Y caigo una y otra vez en esa trampa invisible, los recuerdos de lo que fuimos, de lo que quise que fuéramos, de lo que tú no quisiste ver ni cuidar.
¿Sabes qué es lo peor?
Que, cuando caigo, no caigo sin pagar. Me entrego en pedacitos que aún conservo, como si aún tuvieras algun derecho.
Pero no lo haces. Y, cada vez que no lo haces, se abre un nuevo dolor. Uno que ya conozco y no deja de doler menos por ser viejo.
No quiero culparte por todo. Tal vez fue cosa mía pensar que tú también lo sentías igual, que me valorabas igual. Pero eso no resta peso al vacío que dejaste. Porque una amiga de verdad no juega con los hilos invisibles que dejó en el alma.

No te escribo esto para que vuelvas, ni para que sientas lástima. Te lo escribo porque yo sí necesito decirlo. Porque callarme me estaba enfermando. Porque esta es la última vez que me dejo caer por ti.

Gracias por los momentos buenos. Pero, sobre todo, gracias por mostrarme que mi alma merece alguien que se quede, que la cuide, que no huya, aunque no le queden fuerzas.